I0022602

Franz Mögele, Wenzel Ottokar Noltsch

Loreley - lyrisch romantische Oper in 2 Akten und einem

Zwischenspiele

Franz Mögele, Wenzel Ottokar Noltsch

Loreley - lyrisch romantische Oper in 2 Akten und einem Zwischenspiele

ISBN/EAN: 9783744672481

Hergestellt in Europa, USA, Kanada, Australien, Japan

Cover: Foto ©Thomas Meinert / pixelio.de

Weitere Bücher finden Sie auf **www.hansebooks.com**

Loreley.

Lyrisch romantische Oper in 2 Acten und einem Zwischenspiele

von

W. O. NOLTSCH.

Musik von F. Mögele.

Vollständiger Clavierauszug Pr. N°4 ———— netto
fl. 2.40 Kar.

Vollständige Textbücher
(Gesang, Prosa u. Scenirung)
Pr. 40 Pfg. netto
25 Kr.

Colorirte Costümbilder
Pr. 1 Mk. 40 ———— bach
fl. 6 ———

London. Enr. Dea Hall
Eigenthum der Verlagshandlung für alle Länder — Mit Vorbehalt aller Arrangements.

Hamburg, Aug. Cranz.
WIEN. C. A. Spina. Verlags- u. Kunsthandlung
(ALWIN CRANZ)
déposé

Vorspiel.

Franz Mögele.

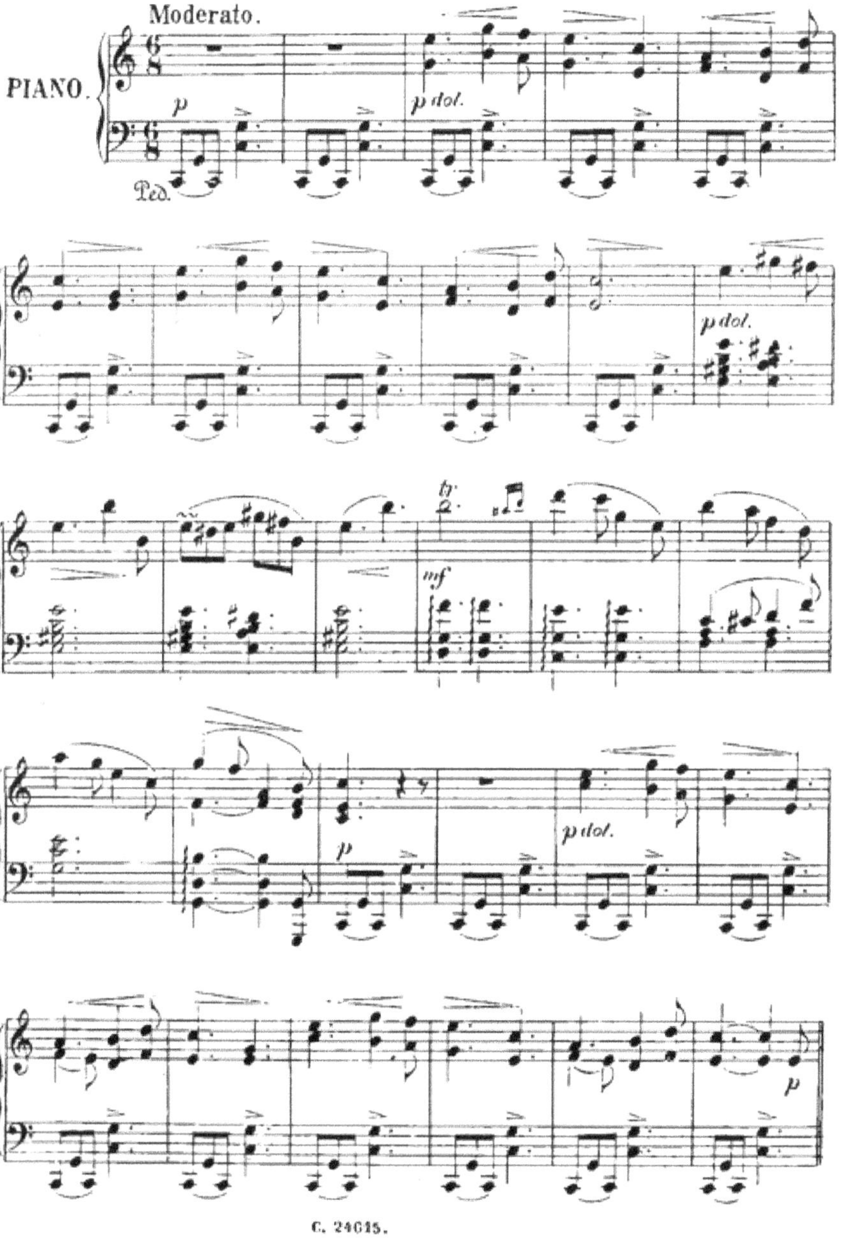

Etwas schneller.
Mit Ausdruck.
tr
p
mf
cres.
f
1.
2.
dim. rit.
Erstes Tempo.
p dol.
pp
ppp

Introduction und Chor.

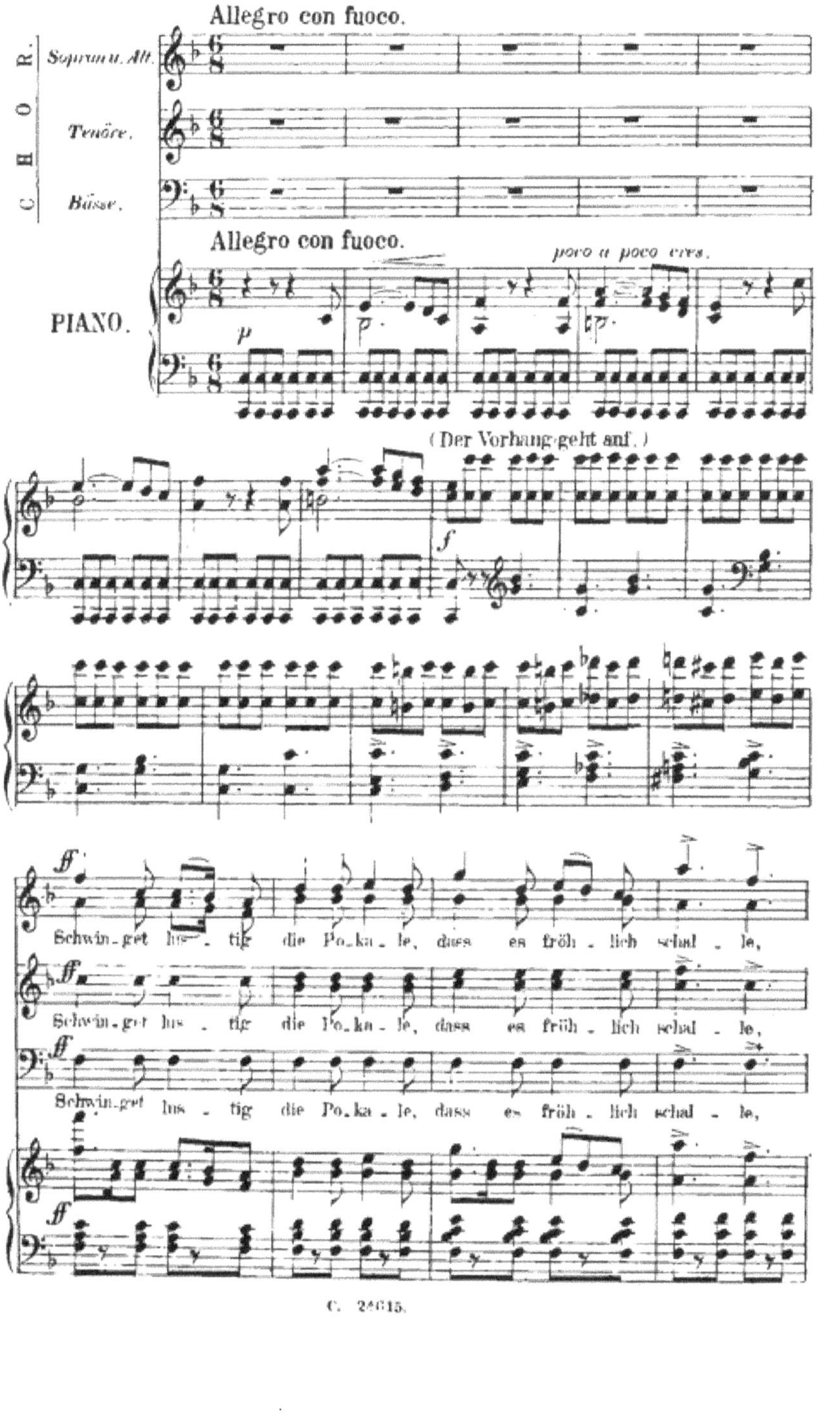

neu _ e Lust und fri _ sches Le _ ben kann der Wein nur ge _ ben.

neu _ e Lust und fri _ sches Le _ ben kann der Wein nur ge _ ben,

neu _ e Lust und fri _ sches Le _ ben kann der Wein nur ge _ ben,

da _ rum bringt mit Be _ cherklan _ ge und mit fro _ hem San _ ge

da _ rum bringt mit Be _ cherklan _ ge und mit fro _ hem San _ ge

da _ rum bringt mit Be _ cherklan _ ge und mit fro _ hem San _ ge

jetzt ein Hoch dem Va _ ter Rhein, ein Hoch dem Va _ ter Rhein!

jetzt ein Hoch dem Va _ ter Rhein, ein Hoch dem Va _ ter Rhein!

Jetzt ein Hoch dem Va _ ter Rhein, ein Hoch dem Va _ ter Rhein!

Da wir noch ge_nies_sen dür_fen lasst das gold_ne Nass uns schlür_fen,

Da wir noch ge_nies_sen dür_fen lasst das gold_ne Nass uns schlür_fen,

Da wir noch ge_nies_sen dür_fen lasst das gold_ne Nass uns schlür_fen,

froh und hei_ter muss man sein hier am schö_nen grü_nen Rhein, am

froh und hei_ter muss man sein hier am schö_nen grü_nen Rhein, am

froh und hei_ter muss man sein hier am schö_nen grü_nen Rhein, am

Rhein____, am Rhein____, am Rhein____!

Rhein, am Rhein, am Rhein, am schö_nen Rhein, am schö_nen grü_nen Rhein!

Rhein____ am Rhein____ am Rhein____!

Rhein, am Rhein, am Rhein am schö_nen Rhein, am schö_nen grü_nen Rhein!

Rhein____, am Rhein____, am Rhein!

Rhein, am Rhein, am Rhein, am Rhein, am grü_nen Rhein!

Da wir noch ge - nies - sen dür - fen lasst das gold - ne Nass uns schlür - fen,
Da wir noch ge - nies - sen dür - fen lasst das gold - ne Nass uns schlür - fen,
Da wir noch ge - nies - sen dür - fen lasst das gold - ne Nass uns schlür - fen,
froh und hei - ter muss man sein am schö - nen grü - nen
froh und hei - ter muss man sein am schö - nen grü - nen
froh und hei - ter muss man sein am schö - nen grü - nen
am grü - nen Rhein, am schö - nen Rhein,
Rhein, am grü - nen Rhein, am schö - nen
Rhein, am grü - nen Rhein, am schö - nen Rhein,
Rhein, am grü - nen Rhein, am schö - nen

am grü - nen Rhein am schö - nen grü - nen Rhein, drum
Rhein, am grü - nen Rhein, am Rhein drum
am grü - nen Rhein, am schö - nen grü - nen Rhein drum
Rhein, am grü - nen Rhein, am Rhein drum
schwin - get lus - tig die Po - ka - le, dass es fröh - lich schal - le
schwin - get lus - tig die Po - ka - le, dass es fröh - lich schal - le
schwin - get lus - tig die Po - ka - le, dass es fröh - lich schal - le
neu - e Lust und fri - sches Le - ben kann der Wein nur ge - ben
neu - e Lust und fri - sches Le - ben kann der Wein nur ge - ben
neu - e Lust und fri - sches Le - ben kann der Wein nur ge - ben

da - rum bringt mit Be - cher - klan - ge und mit fro - hem
da - rum bringt mit Be - cher - klan - ge und mit fro - hem
da - rum bringt mit Be - cher - klan - ge und mit fro - hem
San - ge jetzt ein Hoch dem Va - ter Rhein, ein Hoch dem Va - ter
San - ge jetzt ein Hoch dem Va - ter Rhein, ein Hoch dem Va - ter
San - ge jetzt ein Hoch dem Va - ter Rhein, ein Hoch dem Va - ter
Rhein, ein Hoch dem Va - ter Rhein, ein Hoch dem Va - ter
Rhein, ein Hoch dem Va - ter Rhein, ein Hoch dem Va - ter
Rhein, ein Hoch dem Va - ter Rhein, ein Hoch dem Va - ter

ff
Rhein, ein Hoch dem Va - ter Rhein, ein Hoch dem
Rhein, ein Hoch dem Va - ter Rhein, ein Hoch dem
Rhein, ein Hoch dem Va - ter Rhein, ein Hoch dem
Va - ter Rhein, ein Hoch dem Va - ter Rhein, ein Hoch dem
Va - ter Rhein, ein Hoch dem Va - ter Rhein, ein Hoch dem
Va - ter Rhein, ein Hoch dem Va - ter Rhein, ein Hoch dem
Va - ter Rhein!
Va - ter Rhein!
Va - ter Rhein!

№ 1. Entreelied.

Heda Wirthschaft schafft mir Wein! schafft mir Wein! schafft mir Wein! den der Durst ist ei_ne

Pein! den der Durst ist ei_ne Pein! Ja be_komm ich nichts zu trinken hier so ist's aus mit mir!

Reit' von Holland fern am Meer oh_ne Rast jetzt bis da_her sucht der Lo_re_ ley Logis und kaus finden nie. Durch das Rei_ten im Galopp bei der Hit_ze

hopp,hopp,hopp,hopp, plagt den Men_schen sehr der Durst wird ihm al_les Wurst!

Wird ihm Wurst sein Ah_nen schloss sammt der Frau und sei_nem Ross wird ihm Al_les

ei_nerlei selbst die Lo_re_ley. He da!

Dal segno al fine.

№ 2. Entréelied.

DOCTOR.

PIANO.

Phö_bus strahlet heiss her_ab auf des Forschers

Wan_der_stab auf des Forschers Wan_der_stab strah_let Phö_bus

heiss her_ab. Und er

poco cresc.

for-schet nach der Stel-le wo-hin fliesst die süs-se Quel-le die strenge

mf

che-mi-ka-lisch mischt sich Wasser, Kohlen, Säu-er-stoff-lich nach der

mf

poco cresc.

f

For-mel X-h-vier, nach der For-mel X-h-vier, Fü-bel-nennt es

f

Bier, nennt es Bier.

p

p

pp

No 3. Entréelied.

Allegro con fuoco.

KNAPPE.

PIANO.

Weh mir Ar - men ohn' Er -

barmen wil - de Lust in der Brust treibt es mich von Ort zu Ort ohne,

Rast und Ru - he fort ____ such' ver - ge - bens ei - ne Fluth die mir stillt die in_ne_re Gluth die mir löscht den heis_sen heis_sen Brand

der im Her_zen mir ent_stand durch die süs_se Zau_be_rei del_ner

Lie_der Lo_re_ley durch die süs_se Zau_be_rei deiner Lie_der Lo_re_

ley

№ 4. Ensemble.

WIRTHIN.

Allegro.

Welch'Spek-

PIANO.

Allegro.

ta_kel welch'Ge_schrei welch akan_da_le Stänker_ei lder gibt's kei_ne Wie_ner

Kellner die schna_fu_ds wie die Zöllner man be_handeltmir nichts dir so was

das verbiet ich mir ner pat_schierlichzart und zierlich fein na_türlich und ga_

C. 24616.

lant nur pat - schier - lich zart und zier - lich fein ma - nier - lich und ga -

lant dann be-kommt man Al - ler - hand dann be-kommt man Al - ler - hand nur ma -

nier - lich und ga - lant dann be-kommt man Al - ler - hand, Al - ler - hand, Al - ler -

hand, Al - ler - hand, nur pat - schier - lich zart und zier - lich fein ma - nier - lich und ga -

bunt nur pat- schier- lich zart und zier- lich fein ma- nier- lich und ge- bunt! Ach Herr-

je mein lie- bes Mäuschen nur nicht gleich so aus dem Häuschen denn wer kann es ah- nen,

wer kann's riechen, dass in dieser Wirthschafts- küchen herrschet solch ein Schatz, so ein

WIRTHIN.

putzig net- ter Fratz diese Wangen, die- se drall- len ja so lass' ich mir's ge-

KNAPPE.
WIRTHIN.
fal_len die_se ro_then Pur_pur_lip_pen so be_kommt ihr was zu nippen.
DOCTOR.
Meno mosso.
Auch die Schürze blank und fein, denn das Weib muss reinlich sein.
Meno mosso.
WIRTHIN.
Hab' die Schürze blank und fein, deñ das Weib muss rein_lich sein.
KNAPPE und RITTER.
Auch die Schürze blank und fein, deñ das Weib muss rein_lich sein.
CHOR.
Auch die Schürze blank und fein, deñ das Weib muss rein_lich sein.
Auch die Schürze blank und fein, deñ das Weib muss rein_lich sein.
DOCTOR.
Auch die Schürze blank und fein, deñ das Weib muss rein_lich sein.

№ 5. Arie mit Chor.

Moderato.

RITTER.

Moderato.

PIANO.

f

mf

1. Als ein

mf

mf

1. Rit_ter aus Tharant   als Don Ju_an dort be_kannt
2. war mir sehr fa_tal,   sprach sie kürzlich Herr Ge_mal
3. lehrt was Minne sei,   auch der stolzen Lo_re_ley

1. aus Tharant,   dort he_
f

2. sehr fa_tal,   Herr Ge_
f

3. Min_ne sei,   Lo_re_

f   *mf*   *f*

hab' ich end-lich auch ge-freit ei-ne
jet-zo wird es zei-gen sich ob ihr
und 'ne Lo-cke bringt von ihr als Be-
kannt
er hat ge-freit
mal
wird zei-gen sich
ley
'ne Lock' von ihr
höchst pi-kan-te Maid ja pi-
je ge-lie-bet mich ob ein
weis des Sie-ges mir pi-kant die Maid und jetzt
ob er ge-liebt
Be-weis des Sieg's
kant höchst pi-kant ja pi-kant höchst pi-kant ei-ne
Weib Wi-der-stand ob ein Weib Wi-der-stand bie-tet
beiss' ich halt fein und jetzt beiss' ich halt fein in den

Schönheit höchst pi _ kant ja pi _ kant höchst pi _ kant,
dem der schwach mich fand schwach mich fand schwach mich fand.
sau _ ern A _ pfel 'nein beiss' hin _ ein beiss' hin _ ein.

Wie pi _

Wie pi _

kant, höchst pi _ kant wie pi _ kant höchst pi _ kant wie pi _

kant, höchst pi _ kant wie pi _ kant höchst pi _ kant wie pi _

1. 2.

3.

Da es
Da _ rum

kant höchst pi _ kant wie pi _ kant! kant!

kant höchst pi _ kant wie pi _ kant! kant!

No. 6. Recitativ und Romanze.

KNAPPE.

PIANO.

Es war ein Schloss zu Ro_ma_dour da

sang ei_nes A_bends ein Trou_ba_dour diess Lied:

Moderato.

Vom Lur_ley_stein am grü_nen Rhein im Mon_denscheiñ

da tö_nen garselt_sa_me Lie_der, tönen selt same Lie_der.

Es weht und singt, es rauscht und klingt, es weht und singt, es

rauscht und klingt wie Or _ gelklang her _ nie _ der. Und

Più mosso.

auf _ würts blickt vom Klang ent _ zückt von Lust be _ rückt

Più mosso.

der Schif _ fer im äch _ zen _ den Schif _ fe der

Schiffer im äch_zen_den Schiff_fe und

steu_er_los im Wel_lenschoos und steu_er_los im Wel_len_schoos zer_

schellt es am Fel_sen Rif_fe.

Recitativ.

Das klang so süss das klang so wild und als es aus_ge_

Recitativ.

28

klungen da hatt' der Lur_ley mäch_tig Zau_ber_bild die See_le mir be_

zwun _ gen.

C H O R.

Da hatt'der Lur_ley Zau_ber_bild die See_le ihm be_zwun_

Da hatt' der Lur_ley Zau_ber_bild die See_le ihm be_zwun_

p KNAPPE.

Da trieb's mich fort zum grü_nen

C. 2465.

Rhein und wär's mir auch zum Ver-der - ben ich muss hin-
auf zum Lur-ley-stein um ih-re Gunst zu wer -
ben O er muss hin-auf zum Lur-ley-stein um ih-re
Gunst zu wer-ben.

№ 7. Arie mit Chor.

Andantino.

DOCTOR.

PIANO.

Ich sass zu Kad le im Col leg die
Ding ge hö re hiess es dann bis

Ju gend zu be leh ren und merk te die Ab
Ge nus fe ml, ni nem und wär ge fähr lich

sen ti a von Tag zu Tag sich meh ren,
ü ber aus den; Ge nus mus ku li num.

Da hielt ich streng Col-
Da hielt ich's den für

lo_qui_um und that nun auch er_fah_ren, dass
mei_ne Pflicht das Ding zu in_spi_zi_ren und

ei_nem selt_nen Wun_der_din_ge nach_lie_fen die Sro-
De_mon_stran_dum O_cu_los ge_lehrt zu er_u_

la_ren
i_ren

Das

So

zog' ich her der Wis_sen_schaft zum From_men und zum

Nut_zen dem lei_di_gen Gott_sei_bei_uns die Klau_en selbst zu

stut_zen dem lei_di_gen Gott_sei_bei_uns will er die Klau_en

CHOR.

stut_zen.

№ 8. Finale.

Allegro.
CHOR.
Sopran u. Alt.
Tenor u. Bass.
PIANO.
f
Ha ha zu drei in die_sem Boot,
bedenkt was für Gefahr euch droht,
ha ha zu drei in die_sem Boot,
bedenkt was für Gefahr euch droht, Ja Hur-
KNAPPE.
RITTER.
DOCTOR.

rah hin_ein in's Boot ja hur_rah hin_ein in's Boot den uns schreckt kein Macht_ge_
both den uns schreckt kein Machtge_both scheu_en uns vor kei_ner Noth
p dol.
scheu_en kei_ne Noth
f
p
für_ch_ten nicht den nas_sen Tod, her_da mit dem
für_ch_ten nicht den Tod, her_da mit dem

Na_chen her_da mit dem Na_chen her_da her_da her_da mit dem Na_

chen   Brü_der seht im Abend_schein glänzt und winkt der Lurley_

stein! Brü_der seht im A_bend_schein glänzt und winkt der Lur_ley_stein!

rauscht und ruft der grü _ ne Rhein_____! Brü _ der in den Strom hin

rauscht der grü _ ne Rhein_____! Brü _ der schnell hin

ein her_da mit dem Na_chen her_da mit dem Na_chen,

her_da, her_da, her_da mit dem Na _ chen.

97

DOCTOR.

1. A _ ber eins noch Freun_de bitt' ich a _ ber ei _ nes thu_et
2. Nach Bä_de_ckers Rei_se_hand_buch ist der Va_ter Rhein nicht

Meno mosso.

p

Noth in diess ei _ ne wä _ re prak_tisch den er_säuft man
seicht und ge_schikt das Was_ser tre_ten ist am En _ de

ist man todt.
auch nicht leicht.

f

1. Ja er _ säuft man ist man todt

2. Was _ ser _ tre_ten ist nicht leicht.

f

C. 24615.

DOCTOR.
p
rit.
Da_rum schlag' ich vor zur Gü_te dass zu min_dern die Ge_fahr
rit.
Je_der um die Len_den gür_te Schwei_ne_bla_sen sich ein Paar,
CHOR.
f
wei_se hat er auch ge_ra_then, dass zu mindern die Ge_fahr
f
f
Tempo I.
Je_der um die Len_den gur_te Schweine_bla_sen sich ein Paar.
Tempo I.

KNAPPE und RITTER

DOCTOR.

Ha ihr Brü_der drauf und dran Je_der stel_le sei_nen Mann, ja ihr Brü_der drauf und dran Je_der stel_le sei_nen Mann: Je_ der ru_dre was er kann.

trotz Ge_fahr und Zau_ber_bann_____ ei_let in den Na_chen,

ei_let in den Na_chen ei_let ei_let ei_let in den Na_

chen.

WIRTHIN. *Meno mosso.*

Mei _ ne Lie _ ben hört mich an ei _ nen

Spass das ge _ ben kann ein Ge _ dan _ ke fällt mir bei lasst ver _ fol _ gen uns die

rit.

Drei ist ge _ nehm euch dieser Plan schliesst euch mei _ ner Führung an um zu

se _ hen was ge _ schieht zieln wir heimlich Al _ le mit wir zieln mit, wir zieln mit.

Sopran und Alt.
CHOR.
Ja für_wahr sie hat Recht der Ge_dan_ke ist nicht schlecht ger_ne
Tenor.
Ja für_wahr sie hat Recht der Ge_dan_ke ist nicht schlecht ger_ne
Bass.
Ja sie hat Recht der Ge_dan_ke ist nicht schlecht ger_ne
sind wir da_bei zu ver_fol_gen die_se Drei sehr ge_lun_gen ist der
sind wir da_bei zu ver_fol_gen die_se Drei sehr ge_lun_gen ist der
sind wir da_bei zu ver_fol_gen die_se Drei gut ist der
Plan und wir neh_men gern ihn an um zu seh'n was ge_schieht zieh'n wir
Plan und wir neh_men gern ihn an um zu seh'n was ge_schieht zieh'n wir
Plan und wir neh_men gern ihn an um zu seh'n was ge_schieht zieh'n wir

Al-le heimlich mit sehr ge-lun-gen ist der Plan und wir neh-men gern ihn
Al-le heimlich mit gut ist der Plan und wir nehmen gern ihn
Al-le heimlich mit gut ist der Plan und wir nehmen gern ihn
an um zu se-hen was ge-schieht zieh'n wir Al-le heim-lich
an um zu seh'n was ge-schieht zieh'n wir Al-le heim-lich
an um zu seh'n was ge-schieht zieh'n wir Al-le heim-lich
mit wir ziehn mit, wir ziehn mit, wir ziehn Al-le heim-lich mit, ja für
mit wir Al-le, wir Al-le, wir Al-le zie-hen mit, ja für
mit wir Al-le, wir Al-le, wir Al-le zie-hen mit,

wahr sie hat Recht der Ge _ dan _ ke ist nicht schlecht ger _ ne sind wir da _

wahr sie hat Recht der Ge _ dan _ ke ist nicht schlecht ger _ ne sind wir da _

Ja sie hat Recht der Ge _ dan _ ke ist nicht schlecht ger _ ne sind wir da _

bei, zu ver _ fol _ gen die Drei gerne sind wir da _ bei sind da _ bei zu ver _

bei, zu ver _ fol _ gen die Drei gerne sind wir da _ bei sind da _ bei zu ver _

bei, zu ver _ fol _ gen die Drei gerne sind wir da _ bei sind da _ bei zu ver _

fol_gen die _ se Drei wir sind da_bei wir sind da _ bei zu ver _ folgen die _ se

fol_gen die_se Drei wir sind da_bei wir sind da_bei zu ver _ folgen die_se

fol_gen die_se Drei wir sind da_bei wir sind da _ bei zu ver folgen die_se

C. 24615.

Wir sind da _ bei, da _ bei, wir sind da _ bei, da _

Drei. wir sind da _ bei, wir sind da _

Drei. Wir sind da _ bei, wir sind da _ bei, wir sind da _ bei, wir sind da _

Drei. wir sind da _ bei, wir sind da

bei, wir sind da _ bei, da _ bei, wir sind da _ bei, da _ bei!

bei, wir sind da _ bei, da _ bei, wir sind da _ bei, da _ bei!

bei, wir sind da _ bei, da _ bei, wir sind da _ bei, da _ bei!

(Der Vorhang fällt.)

Ende des ersten Actes.

ZWISCHEN SPIEL.
№ 9. Terzett.

1. Das Schiff streift durch die Wel _ len Lo _ re _ ley und Sehn _ sucht thut uns schwel _ len Lo _ re _ ley nach

2. Lass' uns nicht län _ ger wei _ nen Lo _ re _ ley und thu uns bald er _ schei _ nen Lo _ re _ ley er _

dei _ ner Lie _ der Zau _ be _ rei Li la Lo _ re _ ley du
hö _ re un _ sern Schmerzensschrei Li la Lo _ re _ ley du
mf
schö _ ne Lo _ re _ ley du schö _ ne Lo _ re Lo _ re _ ley
stol _ ze Lo _ re _ ley du stol _ ze Lo _ re Lo _ re _ ley
f
Lo
re Li la la la la Lo _ re _ ley.
ley. Li la la la la Lo _ re _ ley.
p
rit.

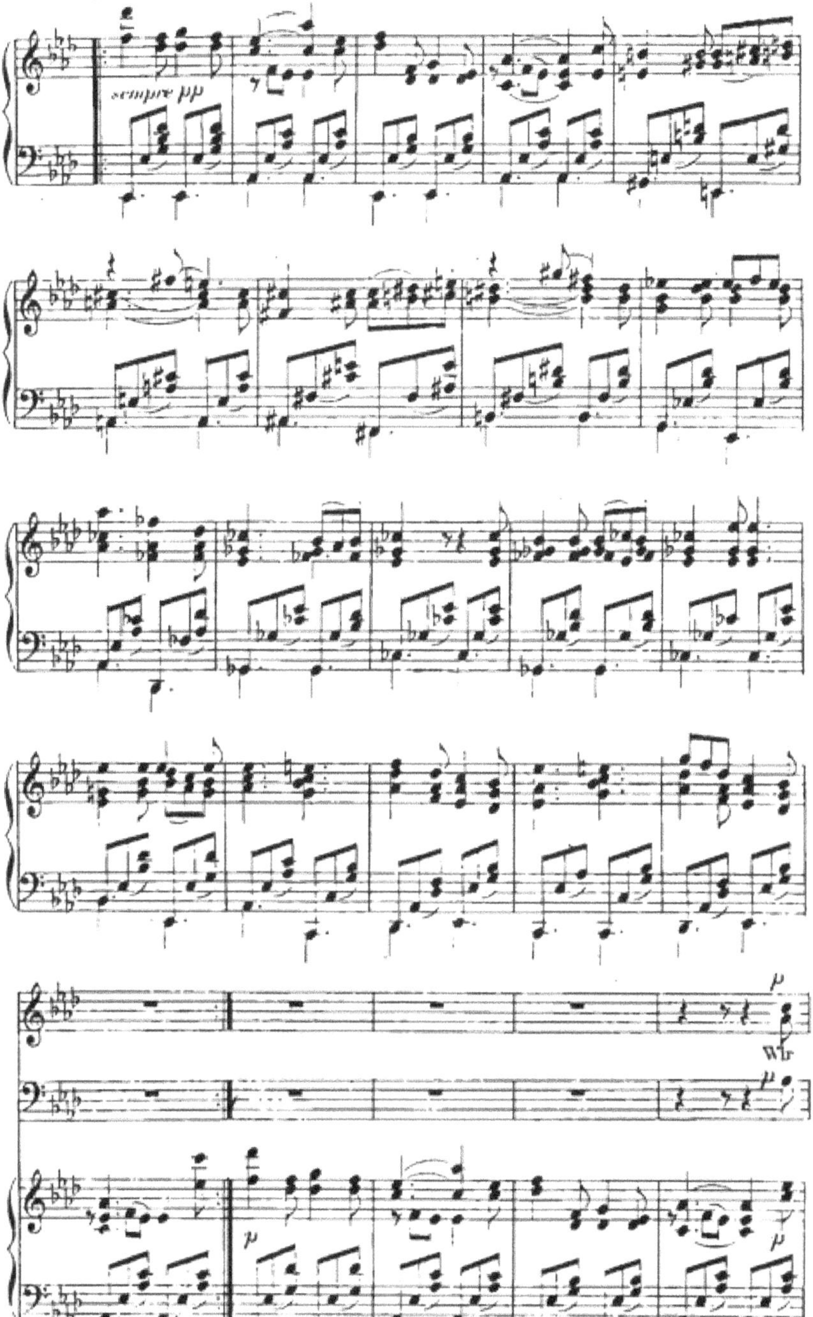
sempre pp
p
Wir

dol.
fahren hin und wie - der Wi - ga - la - wei den Rheinwolllauf und
nie - der Wi - ga - la - wei o mach ein End der
p
Bro - dle - rei süs - se Lo - re - ley er schein uns Lo - re - ley er -
mf

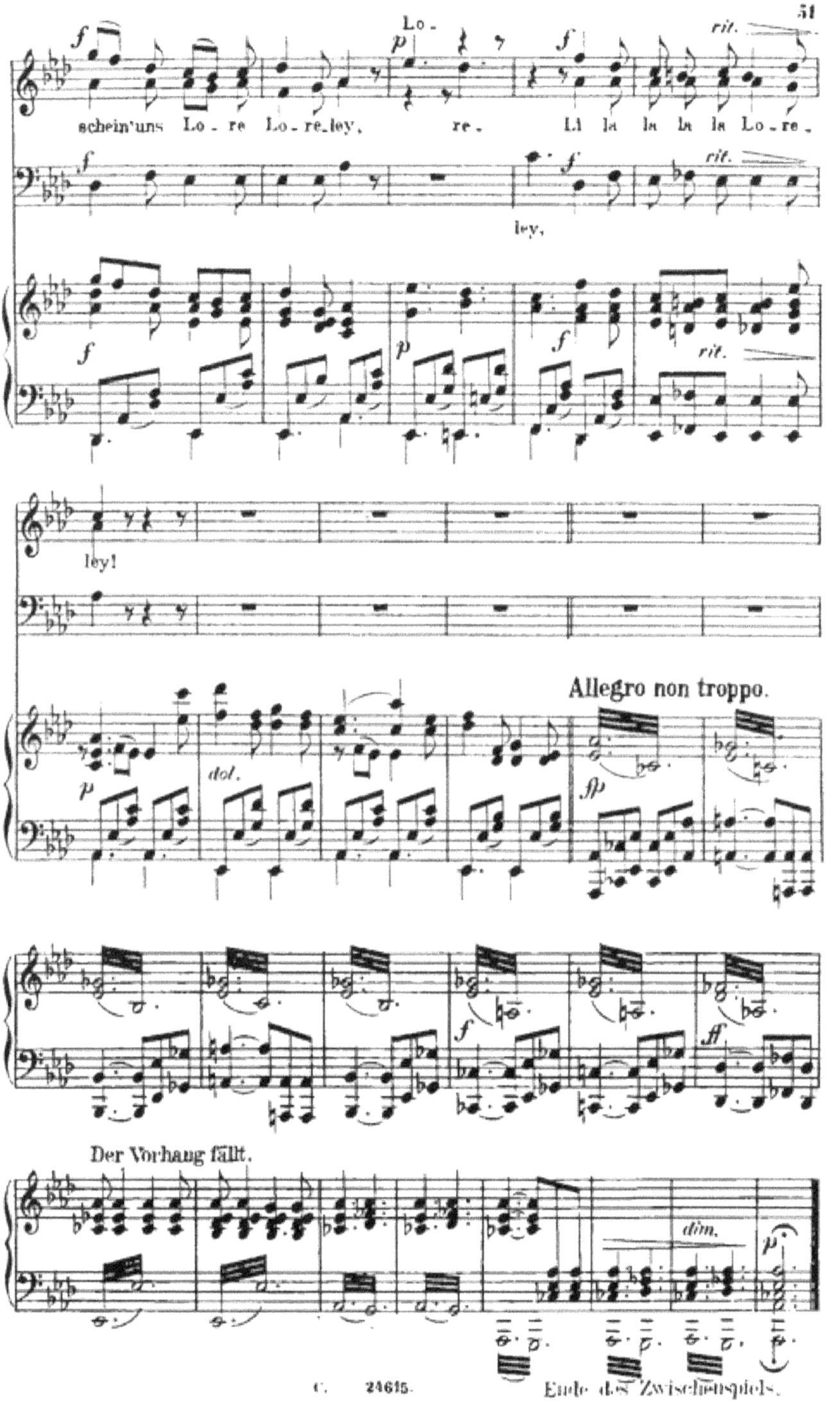

Ende des Zwischenspiels.

ZWEITER - ACT.

№ 10. Lied.

Moderato.

MINNESÄNGER.

Moderato.

PIANO.

p dol.   *p*

mf

p

1. Ich

f   *p*

weiss was es be_deu_tet dass ich so trau_rig bin die
zwan_zig Jah_re minn_te ich sie mit treu_em Sinn und
zog ich mich zu_rü_cke in die_se Ein_sam_keit und

c. 24615.

mf
p
Maid die ich der_einst ge_liebt die ist auf e_wig hin sie ist
den_noch gab diess treu_e Herz sie für ein an_dres hin gab es
klag' den Pfändern mei_ner Lieb' jetzt täg_lich hier mein Leid klag' mein
hin, sie ist hin, sie ist hin die
hin, gab es hin, gab es hin und
Leid, klag' mein Leid, klag' mein Leid und
f
Maid die ich der_einst ge_liebt sie ist auf e_wig e_wig
den_noch gab diess treu_e Herz sie für ein an_dres an_dres
klag' den Pfän_dern mei_ner Lieb jetzt täg_lich hier, ich klag' mein
hin.
hin.
Leid.
1. 2.
3.
2. Durch
3. So

№ 11. Lied.

WIRTHIN.

Ei _ ne jun _ ge hüb _ sche Wit _ we
Den was nüt _ zet ar _ men Frau _ en
Drum wo find' ein treu _ es Herz ich

sel nich mich nach einen Mann den ich wie _ der in _ nig lie _ ben und auch kom _ man di _ nen
was ein lie _ be _ leeres Herz? Ohne Freuden ohne Lei _ den oh _ ne Lie _ beslust und
ei _ ne männ _ li _ che Ge _ stalt? Nicht zu jung und nicht zu stürmisch nicht zu zahm und nicht zu

kann. Ach ein Mann ach ein Mann ach ein Mann ach ein Mann ach ein
Schmerz, Ach ein Herz ach ein Herz ach ein Herz ach ein Herz ach ein
alt. Ach und bald ach und bald ach und bald ach und bald ach und

Mann ein Mann ein Mann ein Mann ach ein Mann!
Herz ein Herz ein Herz ein Herz ach ein Herz!
bald und bald und bald und bald ach und bald!

C. 24615.

№ 12. Duett.

WIRTHIN. Ha ein Mann!

MINNESÄNGER. Ha ein Weib!

PIANO.

Son_der_bar! Ach wie

Wun_der_bar!

schlägt mein Herz be_klommen soll ich ge_hen, soll ich blei_ben?

Die ist

C. 24615.

M
mir zu Recht ge - kommen um die Zeit mir zu ver - trei - ben.
p dol.
Dun - kle Haa - re, blau die
mf
p
Au - gen ein Ge - sicht - chen voll und rund ach wie ro - sig sind die
p
W
p dol.
gar nicht ü - bel die Er -
Wan - gen und wie schön der klei - ne Mund
p

W
schei_nung nicht zu jung und nicht zu alt ed_le Na_se ho_he
W
Stir_ne ei_ne zier_li_che Ge_stalt
MINNESÄNGER.
hab ge_nug geseufzt ge_
M
stöhnt und be_weint die mich ver_höhnt drum ver_such' ich neu mein
M
Glück und be_nütz den Au_gen_blick.
rit.

MINNESÄNGER.

Andante. p dol.

O du die du bist kein Phan_tom o du die du ich glaub es

kaum o du die du ich glaub es kaum o du die du kein lee_rer

Schaum o du die du kein blos_ser Traum o du die du_ o du die

du kein Traum o du die pla_stisch kör_per_lich o

da die sol-lig min-nig-lich re-a-les Weib ich lieb' ich lie-be

dich ich schwör' - Dir o hö - re mich

Allegro.

Ich hör' dein Flehn und seel'ge Lust füllt mei - ne

Du hörst mein Flehn und seel'ge Lust füllt mei - ne

Allegro.

Brust du lie - best mich, löst mein

Brust ich lie - be Dich bin

o na_men_lo_ses Glück stets treu zu sein schwört mir dein
dein o na_men_lo_ses Glück stets treu zu sein schwört dir mein
f
Mund zu die_ser Stund du schwörst es mir
p
dol.
Mund zu die_ser Stund ich schwör' es
p
bist mein o na_men_lo_ses Glück ich
dir bin dein o na_men_lo_ses Glück du mein

f
dein o na_men_lo_ses Glück
f
p dol.
o na_men_lo_ses Glück was ich ge_sucht ich
f
f
p dol.
p dol.
sein Fle _ hen hat mein Herz er_weicht
hab's er_reicht
o
ja ich ge_währ ihm
See _ lig_keit das ich sie fand

mei - ne Hand
o See - lig - keit das ich sie
p
poco cresc.
o See - lig - keit o See - lig - keit o See - lig -
fand, o See - lig - keit o See - lig - keit o See - lig -
f
keit dass ich ihn fand ihn fand ja das ich ihn
keit dass ich sie fand sie fand ja das ich sie

ff
fand ihn fand o See_lig_keit das ich ihn fand o See_lig_
ff
fand sie fand o See_lig_keit das ich sie fand o See_lig_
ff
keit das ich ihn fand das ich ihn fand
keit das ich sie fand das ich sie fand

№ 13. Lied.

Allegro.
MINNESÄNGER.
PIANO.
p dol.
O Wirthshaus welch ein süs _ ser Klang wie sehn ich mich schon Jah _ re lang nach dir und ei _ nen küh _ len Trunk nach dir und ei _ nem küh _ len Trunk von gu _ tem Wein und Bier von gu _ tem Wein und Bier.
In dei _ nem Raum wo Fass an Fass sich nicht ge _ füllt mit ed _ lem Nass im Kel _ ler wird fort an _ num _ bass im Kel _ ler wird fort an _ num _ bass ge _ trunken und ge _ küsst ge _ trunken und ge _ küsst,
Ein ar _ mer Sän _ ger Min _ ne _ held war ich und hatt' nicht Gut und Geld jetzt werd' ich, was mir mehr ge _ fällt jetzt werd' ich was mir mehr ge _ fällt ein Hausherr und ein Wirth ein Hausherr und ein Wirth.

№ 14. Finale.

wan - dern wir wan - dern wir wandern frisch und froh und frei ja wir

wandern frisch und froh und frei su - chen nach der Lo - re - ley

Meno mosso.

Meno mosso.

Sie ist's, sie ist's, sie ist's!

Andantino.

Andantino.

WIRTHIN als Loreley verkleidet.

Ich bin die schö - ne
sin - gen her - zen

Lo - re - ley und woh - ne hier am Rhein mein
küs - sen mit heis - ser Lie - bes - gluth doch

gold - nes Schloss es fun - kelt im A - bend - son - nen -
muss es Je - der büs - sen in kal - ter Stro - mes -

schein und wer da - hin mir fol - get und
fluth gar Vie - le sind ge - kom - men doch

C. 24615.

rührt an mei _ ner Brust   der fühlt in mei _ nen
Kel _ ner wie _ der ging   der mei _ nen Sang ver _

Ar _ men noch nie   ge _ _ kan _ te
nom _ men und den   mein   Arm um _

Lust.   Kann
fing.

KNAPPE.
Sie

ist die Fei Frau Lo_re_ley die schö_ne Lo_re

RITTER.

ley sie ist die Fei Frau Lo_re_ley die schö_ne Fei Frau Lo_re_

DOCTOR.

ley Gott steh' uns bei es ist die Lo_re_ley!

WIRTHIN. *Recit.*

Was treibt Ver_weg_ne euch zu mir was su_chet ihr was wollt ihr

C. 24615.

Moderato.

RITTER. Um dei_ne Lie_be wer_ben

KNAPPE. in dei_ner Ar_men ster_ben

DOCTOR. vor Al_lem möch_te ich die Spek_tral A_na_lys ver_su_chen.

*) ad libitum die höheren Noten.

C. 24615.

WIRTHIN.

p dol.

Gleich wür_dig seid ihr mich zu frei'n, doch kanns nur Ei_ner

von euch Drei'n ent_schei_det euch wer soll es sein?

KNAPPE und RITTER.

Ent_schei_det wer soll's sein? Entschei_den soll das Schwert al_

lein, ent_schei_den soll das Schwert al_lein.

72

(Sie Fechten, die Wirthin stürzt sich dazwischen.)

WIRTHIN. *Recit.*

Ach! Hal _ tet ein und zieht in Frie _ den mir ward heut mein Loos be _ schie _ den

Walzer.

es steht vor euch ein Liebespaar die Macht der Lo_re_ley ist gar.

C. 24615.

Walzer.
WIRTHIN.
KNAPPE und RITTER.
MINNESÄNGER.
DOCTOR.
CHOR.
Sopran und Alt.
Tenor und Bass.
molto cresc.
W
M
Ja wir sind ver_lobt ha_ben euch ge_foppt
ver_lobt ge_foppt
al_les war nur Trug und Schein, nur Trug und Schein, nur Trug und
Trug und Schein, Trug und Schein,

W: Schein ich war Lo-re-ley doch nun ist's vor-bei müs-set

M: Trug und Schein ha ha ha ha

W: ja nicht bö-se sein nicht bö-se sein nicht bö-se sein

M: müs-set nicht bö-se sein nicht

W: Kaum das Glück ich fas-sen kann,

M: bö-se sein Kaum das Glück ich fas-sen kann,

W
ja er wird noch heut mein Mann kaum das
M
den ich wer - de heut ihr Mann kaum das
p
W
Glück ich fas - sen kann ja er wird noch heut mein
M
Glück ich fas - sen kann den ich wer - de heut ihr
mf
f
Moderato.
W
Mann.
M
Mann.
CHOR.
Seht ihn an seht ihn an er wird heut noch ihr Mann.
f
Moderato.

DOCTOR. Wir tha_ten uns bla_mi_ren und müs_sen re_ti_

Wir tha_ten uns bla_mi_ren und müs_sen re_ti_

ri_ren wir tha_ten uns bla_mi_ren und müs_sen re_ti_ri_ren!

ri_ren wir tha_ten uns bla_mi_ren und müs_sen re_ti_ri_ren!

Ihr

tha_tet euch bla_mi_ren und müs_set re_ti_ri_ren ihr

77

C. 24615.

K
R
weh o weh weh o weh o weh weh!
CHOR.
Sie die Ver-lob-ten
D
weh o weh weh o weh o weh weh!
ihr die Ge-fopp-ten sie die Ver-lob-ten ihr die Ge-fopp-ten
ha ha ha ha ha ha ha ha ha ha ha ha ha!
f
ff

mf
K
R
Ja wir ha - ben uns bla - mirt wur - den von Euch an - ge - führt
D
Ja wir ha - ben uns bla - mirt wur - den von Euch an - ge - führt
sind ku - rirt jetzt al - le Drei von der Lor - ley Schwär - me -
f
rit.
Walzer.
rei.
Sie sind ku - rirt von ih - rem

Wahn !
rit.
Das habt
rit.
rit.
K
R
Wir sin ku - rirt von_un_srem Wahn,
D
Wir sin ku - rirt von_un_srem Wahn,
CHOR.
ihr voll_bracht habt es gut ge_macht präch - tig war und schlau der

W: prächtig war — schlau der Plan — schlau der Plan

M: prächtig war — schlau der Plan — schlau der Plan

Plan ja schlau der Plan ja schlau der Plan Ihr habt

K/R: wir sind ku_rirt von unsrem Wahn

D: wir sind ku_rirt von unsrem Wahn

sie da_pirt sie sind nun ku_rirt und be_freit von ih_rem

W: sie sind frei von dem Wahn

M: sie sind frei von dem Wahn

Wahn von ih - rem Wahn von ihrem Wahn zie - het

ihrem Wahn

K R: wir sind ku - rirt von unsrem Wahn,

D: wir sind ku - rirt von unsrem Wahn.

CHOR: nun nach Haus macht euch nichts daraus den - ket manch - mal noch da -

W.
den_ket dran den_ket dran den_ket dran
M.
den_ket dran den_ket dran den_ket dran
ran ja denkt da_ran ja denkt da_ran
K.
R.
wir ziehn nach Haus wir ziehn nach Haus
D.
wir ziehn nach Haus wir ziehn nach Haus
ff
zie_het nun nach Haus macht euch nichts da_raus den_ket
ff

ff
W.
den - ket manch - mal noch da - ran ja den - ket
K R.
wir ziehn nach Haus
M.
den - ket noch da - ran
D.
wir ziehn nach Haus
CHOR.
manch - mal noch da - ran denkt da - ran
W.
denkt da - ran da - ran denket
M.
ja zie - het nun nach Haus und macht euch nichts da - raus ma - chet euch
CHOR.
denkt da - ran da - ran denket

W.
manchmal da _ ran
sie ziehn nach Haus
K. R.
wir ziehn nach Haus
wir ziehn nach Haus
M.
nichts da_raus
sie ziehn nach Haus
D.
wir ziehn nach Haus
wir ziehn nach Haus
CHOR
manchmal da _ ran
denkt da _ ran
denkt da _
Meno mosso.
ritard.
und den _ ken dran,
dass das hat mit ih _ rem
und den _ ken dran,
dass das hat mit ih _ rem
und den _ ken dran,
dass das hat mit ih _ rem
und den _ ken dran,
dass das hat mit ih _ rem
ran,
dass das hat mit ih _ rem
ritard.
Meno mosso.

Tempo I.

Sin - gen die fal - sche Lo - re - ley ge - than!

Sin - gen die fal - sche Lo - re - ley ge - than!

Sin - gen die fal - sche Lo - re - ley ge - than!

Sin - gen die fal - sche Lo - re - ley ge - than!

Sin - gen die fal - sche Lo - re - ley ge - than!

Tempo I.

Der Vorhang fällt.

Ende der Operette.

www.ingramcontent.com/pod-product-compliance
Lightning Source LLC
Chambersburg PA
CBHW031449270326
41930CB00007B/923